열두 개의 달 시화집 플러스 十月
달은 내려와 꿈꾸고 있네

■일러두기
시인 고유의 필치(筆致)를 살리기 위해 표기와 맞춤법은 되도록 초판본을 따랐습니다.

차례

一日。 별 헤는 밤 _ 윤동주
二日。 자화상 _ 윤동주
三日。 쓸쓸한 길 _ 백석
四日。 추야일경(秋夜一景) _ 백석
五日。 늙은 갈대의 독백 _ 백석
六日。 내 옛날 온 꿈이 _ 김영랑
七日。 하이쿠 _ 다카하마 교시
八日。 목마와 숙녀 _ 박인환
九日。 달밤 - 도회(都會) _ 이상화
十日。 절망(絶望) _ 백석
十一日。 달밤 _ 윤동주
十二日。 하이쿠 _ 가가노 지요니
十三日。 비 _ 정지용
十四日。 낮의 소란 소리 _ 김영랑
十五日。 쓸쓸한 시절 _ 이장희

十六日。 어머님 _장정심
十七日。 하이쿠 _사이교
十八日。 밤 _윤동주
十九日。 하이쿠 _이케니시 곤스이
二十日。 가을 _라이너 마리아 릴케
二十一日。 청시(靑枾) _백석
二十二日。 수라(修羅) _백석
二十三日。 나는 네 것 아니라 _박용철
二十四日。 토요일 _윤곤강
二十五日。 비에 젖은 마음 _박용철
二十六日。 낙엽 _윤곤강
二十七日。 당신의 소년은 _이용악
二十八日。 내 탓 _장정심
二十九日。 황홀한 달빛 _김영랑
三十日。 하이쿠 _마쓰오 바쇼
三十一日。 달을 쏘다 _윤동주

별 헤는 밤

윤동주

계절이 지나가는 하늘에는
가을로 가득 차 있습니다.

나는 아무 걱정도 없이
가을 속의 별들을 다 헬 듯합니다.

가슴 속에 하나 둘 새겨지는 별을
이제 다 못 헤는 것은
쉬이 아침이 오는 까닭이요
내일 밤이 남은 까닭이요
아직 나의 청춘이 다 하지 않은 까닭입니다.

별 하나에 추억과
별 하나에 사랑과
별 하나에 쓸쓸함과
별 하나에 동경과
별 하나에 시와
별 하나에 어머니, 어머니,

어머님, 나는 별 하나에 아름다운 말 한마디씩 불러 봅니다. 소학교 때 책상을 같이 했던 아이들의 이름과 패, 경, 옥, 이런 이국 소녀들의 이름과, 벌써 아기 어머니 된 계집애들의 이름과, 가난한 이웃 사람들의 이름과, 비둘기, 강아지, 토끼, 노새, 노루, '프랑시스 잠', '라이너 마리아 릴케' 이런 시인의 이름을 불러 봅니다.

이네들은 너무나 멀리 있습니다.
별이 아스라이 멀 듯이.

어머님,
그리고 당신은 멀리 북간도에 계십니다.

나는 무엇인지 그리워
이 많은 별빛이 내린 언덕 위에
내 이름자를 써 보고
흙으로 덮어 버리었습니다.

딴은 밤을 새워 우는 벌레는
부끄러운 이름을 슬퍼하는 까닭입니다.

그러나 겨울이 지나고 나의 별에도 봄이 오면
무덤 위에 파란 잔디가 피어나듯이
내 이름자 묻힌 언덕 우에도
자랑처럼 풀이 무성할거외다.

자화상

　　　　　　　　　　　　　　　　　　　　　　윤동주

산모퉁이를 돌아 논 가 외딴 우물을 홀로 찾아가선 가만히
들여다 봅니다.

우물 속에는 달이 밝고 구름이 흐르고 하늘이 펼치고
파아란 바람이 불고 가을이 있습니다.

그리고 한 사나이가 있습니다.
어쩐지 그 사나이가 미워져 돌아갑니다.

돌아가다 생각하니 그 사나이가 가엾어집니다.
도로 가 들여다보니 사나이는 그대로 있습니다.

다시 그 사나이가 미워져 돌아갑니다.
돌아가다 생각하니 그 사나이가 그리워집니다.

우물 속에는 달이 밝고 구름이 흐르며 하늘이 펼치고
파아란 바람이 불고 가을이 있고 추억처럼 사나이가 있습니다.

쓸쓸한 길

백석

거적장사 하나 산(山) 뒷녚 비탈을 오른다
아— 따르는 사람도 없이 쓸쓸한 쓸쓸한 길이다
산(山)가마귀만 울며 날고
도적갠가 개 하나 어정어정 따러간다
이스라치전이 드나 머루전이 드나
수리취 땅버들의 하이얀 복이 서러웁다
뚜물같이 흐린 날 동풍(東風)이 설렌다

추야일경(秋夜一景)

백석

닭이 두 홰나 울었는데
안방 큰방은 홰즛하니 당등을 하고
인간들은 모두 웅성웅성 깨어 있어서들
오가리며 석박디를 썰고
생강에 파에 청각에 마눌을 다지고

시래기를 삶는 훈훈한 방안에는
양염 내음새가 싱싱도 하다

밖에는 어데서 물새가 우는데
토방에선 햇콩두부가 고요히 숨이 들어갔다

늙은 갈대의 독백

백석

해가 진다
갈새는 얼마 아니하야 잠이 든다
물닭도 쉬이 어느 낯설은 논드렁에서 돌아온다
바람이 마을을 오면 그때 우리는 섧게 늙음의 이야기를 편다

보름밤이면
갈거이와 함께 이 언덕에서 달보기를 한다
강물과 같이 세월(歲月)의 노래를 부른다
새우들이 마른 잎새에 올라 앉는 이때가 나는 좋다

어느 처녀(處女)가 내 잎을 따 갈부던을 결었노
어느 동자(童子)가 내 잎을 따 갈나발을 불었노
어느 기러기 내 순한 대를 입에다 물고 갔노
아— 어느 태공망(太公望)이 내 젊음을 낚어 갔노

이 몸의 매딥매딥
잃어진 사랑의 허물자국
별 많은 어느 밤 강을 날여간 강다릿배의 갈대 피리
비오는 어느 아침 나룻배 나린 길손의 갈대 지팽이
모두 내 사랑이었다

해오라비조는 곁에서
물뱀의 새끼를 업고 나는 꿈을 꾸었다
— 벼름질로 돌아오는 낫이 나를 다리려 왔다
　달구지 타고 산골로 샷자리의 벼슬을 갔다

내 옛날 온 꿈이

김영랑

내 옛날 온 꿈이 모조리 실리어간
하늘가 닿는 데 기쁨이 사신가

고요히 사라지는 구름을 바래자
헛되나 마음 가는 그곳뿐이라

눈물을 삼키며 기쁨을 찾노란다
허공은 저리도 한없이 푸르름을

업디어 눈물로 땅 우에 새기자
하늘가 닿는 데 기쁨이 사신다

그가 한 마디
내가 한 마디
가을은 깊어 가고

彼一語我一語秋深みかも

다카하마 교시

목마와 숙녀

박인환

한 잔의 술을 마시고
우리는 버지니아 울프의 생애와
목마를 타고 떠난 숙녀의 옷자락을 이야기한다
목마는 주인을 버리고 거저 방울 소리만 울리며
가을 속으로 떠났다 술병에서 별이 떨어진다
상심한 별은 내 가슴에 가벼웁게 부서진다
그러한 잠시 내가 알던 소녀는
정원의 초목 옆에서 자라고
문학이 죽고 인생이 죽고
사랑의 진리마저 애증의 그림자를 버릴 때
목마를 탄 사랑의 사람은 보이지 않는다
세월은 가고 오는 것
한때는 고립을 피하여 시들어가고
이제 우리는 작별하여야 한다
술병이 바람에 쓰러지는 소리를 들으며
늙은 여류작가의 눈을 바라다보아야 한다

……등대에……
불이 보이지 않아도
거저 간직한 페시미즘의 미래를 위하여
우리는 처량한 목마 소리를 기억하여야 한다
모든 것이 떠나든 죽든
거저 가슴에 남은 희미한 의식을 붙잡고
우리는 버지니아 울프의 서러운 이야기를 들어야 한다
두 개의 바위 틈을 지나 청춘을 찾은 뱀과 같이
눈을 뜨고 한 잔의 술을 마셔야 한다.
인생은 외롭지도 않고
거저 잡지의 표지처럼 통속하거늘
한탄할 그 무엇이 무서워서 우리는 떠나는 것일까
목마는 하늘에 있고
방울 소리는 귓전에 철렁거리는데
가을 바람소리는
내 쓰러진 술병 속에서 목 메어 우는데

달밤 - 도회(都會)

이상화

먼지투성이인 지붕 위로
달이 머리를 쳐들고 서네.

떡잎이 터진 거리의 포플라가 실바람에 불려
사람에게 놀란 도적이 손에 쥔 돈을 놓아버리듯
하늘을 우러러 은 쪽을 던지며 떨고 있다.

풋솜에나 비길 얇은 구름이
달에게로 날아만 들어
바다 위에 섰는 듯 보는 눈이 어지럽다.

사람은 온몸에 달빛을 입은 줄도 모르는가.
둘씩 셋씩 짝을 지어 예사롭게 지껄이다.
아니다, 웃을 때는 그들의 입에 달빛이 있다.
달 이야긴가 보다.

아, 하다못해 오늘 밤만 등불을 꺼 버리자.
촌각시같이 방구석에서, 추녀 밑에서
달을 보고 얼굴을 붉힌 등불을 보려무나.

거리 뒷간 유리창에도
달은 내려와 꿈꾸고 있네.

절망(絶望)

                                        백석

북관(北關)에 계집은 튼튼하다
북관(北關)에 계집은 아름답다
아름답고 튼튼한 계집은 있어서
흰 저고리에 붉은 길동을 달어
검정치마에 받쳐입은 것은
나의 꼭 하나 즐거운 꿈이였드니
어늬 아츰 계집은
머리에 무거운 동이를 이고
손에 어린것의 손을 끌고
가파러운 언덕길을
숨이 차서 올라갔다
나는 한종일 서러웠다

달밤

윤동주

흐르는 달의 흰 물결을 밀쳐
여윈 나무그림자를 밟으며
북망산(北邙山)을 향(向)한 발걸음은 무거웁고
고독을 반려(伴侶)한 마음은 슬프기도 하다.

누가 있어만 싶은 묘지(墓地)엔 아무도 없고
정적(靜寂)만이 군데군데 흰 물결에 폭 젖었다.

달밤이여
돌 위에 나가 우는 귀뚜라미

月の夜や石に出で鳴なくきりぎりす

가가노 지요니

비

정지용

돌에
그늘이 차고,

따로 몰리는
소소리 바람.

앞서거니 하여
꼬리 치날리어 세우고,

종종 다리 까칠한
산(山)새 걸음걸이.

여울 지어
수척한 흰 물살,

갈갈이
손가락 펴고.

멎은 듯
새삼 돋는 빗낱

붉은 잎 잎
소란히 밟고 간다.

낮의 소란 소리

김영랑

거나한 낮의 소란 소리 풍겼는듸
금시 퇴락하는 양
묵은 벽지의 내음 그윽하고
저쯤 예사 걸려 있을 희멀끔한 달
한 자락 퍼진 구름도 못 말아 놓는 바람이어니
묵근히 옮겨 딛는 밤의 검은 발짓만
고뇌인 넋을 짓밟누나
아! 몇 날을 더 몇 날을
뛰어 본 다리 날아 본 다리
허전한 풍경을 안고 고요히 선다

쓸쓸한 시절

이장희

어느덧 가을은 깊어
들이든 뫼이든 숲이든
모두 파리해 있다.

언덕 위에 오뚝이 서서
개가 짖는다.
날카롭게 짖는다.

비―ㄴ 들에
마른 잎 태우는 연기
가늘게 가늘게 떠오른다.

그대여
우리들 머리 숙이고
고요히 생각할 그때가 왔다.

어머님

장정심

오늘 어머님을 뵈오라 갈 수가 있다면
붉은 카네숀 꽃을 한아름 안고 가서
옛날에 불러주시든 그 자장가를
또다시 듣고 오고 싶습니다

누구라 어머님의 사랑을 설명하라 한다면
나의 평생의 처음 사랑이오
또한 나의 후생에도 영원할 사랑이라고
큰 소리로 외쳐 대답해주겠습니다

누구라 어머님의 성격을 말하라 하면
착하신 그 마음 원수라도 용서해주시고
진실하신 그 입엔 허탄한 말슴도 없었고
아름다온 그 표정 평화스러우시다 하겠읍니다

님의 간절하시든 정성의 기도
님의 은근하시든 교훈의 말슴
마음끝 님을 예찬하려 하오나
혀끝과 붓끝이 무디여 유감입니다

둘이서 함께
바라보고 또 바라보던
가을 보름달
혼자 바라보게 될
그것이 슬퍼라

もろともに眺め眺めて秋の月
ひとりにならんことぞ悲しき

사이교

十七日

가을

라이너 마리아 릴케

잎들이 떨어집니다. 먼 곳에서 잎들이 떨어집니다.
저 먼 하늘의 정원이 시들어버린 듯
부정하는 몸짓으로 잎들이 떨어집니다.

그리고 오늘밤 무거운 지구가 떨어집니다.
다른 별들에서 떨어져 홀로 외롭게.

우리들 모두가 떨어집니다. 이 손이 떨어집니다.
그리고 보세요 다른 것들을, 모두가 떨어집니다.

그러나 저기 누군가가 있어,
그의 두 손으로
한없이 부드럽게 떨어지는 것들을 받아주고 있습니다.

Herbst

Rainer Maria Rilke

Die Blätter fallen, fallen wie von weit,
als welkten in den Himmeln ferne Gärten;
sie fallen mit verneinender Gebärde.

Und in den Nächten fällt die schwere Erde
aus allen Sternen in die Einsamkeit.

Wir alle fallen. Diese Hand da fällt.
Und sieh dir andre an: es ist in allen.

Und doch ist Einer, welcher dieses Fallen
unendlich sanft in seinen Händen hält.

청시(靑柿)

백석

별 많은 밤
하누바람이 불어서
푸른 감이 떨어진다 개가 짖는다

수라(修羅)

백석

거미새끼 하나 방바닥에 나린 것을 나는 아모 생각 없이 문밖으로 쓸어버린다
차디찬 밤이다

언제인가 새끼거미 쓸려나간 곳에 큰거미가 왔다
나는 가슴이 짜릿한다
나는 또 큰거미를 쓸어 문밖으로 버리며
찬 밖이라도 새끼 있는 데로 가라고 하며 서러워한다

이렇게 해서 아린 가슴이 싹기도 전이다
어데서 좁쌀알만한 알에서 가제 깨인 듯한 발이 채 서지도 못한 무척 적은 새끼거미가 이번엔 큰거미 없어진 곳으로 와서 아물거린다
나는 가슴이 메이는 듯하다
내 손에 오르기라도 하라고 나는 손을 내어미나 분명히 울고불고할 이 작은 것은 나를 무서우이 달어나버리며 나를 서럽게 한다
나는 이 작은 것을 고이 보드러운 종이에 받어 또 문밖으로 버리며
이것의 엄마와 누나나 형이 가까이 이것의 걱정을 하며 있다가 쉬이 만나기나 했으면 좋으련만 하고 슬퍼한다

시악씨야! 그대 어깨 위에
내 마음을 축여 주는
입맞춤을 가져간다 하더라도
그대 가벼운 몸짓을 지우지 말라

있는 듯 만 듯한 동안의 이 즐거움
너를 기다리는 안타까운 동안
너의 발자국소리가 내 마음이여라

낙엽

윤곤강

소리도 자취도 없이
내 외롭고 싸늘한 마음속으로
밤마다 찾아와서는
조용하고 얌전한 목소리로
기다림에 지친 나의 창을
은근히 두드리는 소리

깨끗한 시악씨의 거룩한 그림자야!
조심스러운 너의 발자국소리
사뿐사뿐 디디며 밟는 자국

아아, 얼마나 정다운 소리뇨
온갖 값진 보배 구슬이
지금 너의 맨발 길을 따라
허깨비처럼 내게로 다가오도다

비에 젖은 마음

박용철

불도 없는 방안에 쓰러지며
내쉬는 한숨 따라 「아 어머니!」 섞이는 말
모진 듯 참아오던 그의 모든 서러움이
공교로운 고임새의 무너져나림같이
이 한 말을 따라 한번에 쏟아진다

많은 구박 가운데로 허위어다니다가
헌솜같이 지친 몸은 일어날 기운 잃고
그의 맘은 어두움에 가득 차서 있다
쉬일 줄 모르고 찬비 자꾸 나리는 밤
사람 기척도 없는 싸늘한 방에서

뜻없이 소리내인 이 한 말에 마음 풀려
짓궂은 마을애들에게 부대끼우다
엄마 옷자락에 매달려 우는 애같이
그는 달래어주시는 손 이마 우에 느껴가며
모든 괴롬 울어 잊으련 듯 마음놓아 울고 있다

토요일

윤곤강

월(月)
화(火)
수(水)
목(木)
금(金)
토(土)
— 이렇게 일자(日字)가 지나가고,

또다시 오늘은 토요(土曜)

일월(日月)의 길다란 선로(線路)를
말없이 달아나는 기차… 나의 생활아

구둣발에 채인 돌멩이처럼
얼어붙은 운명을 울기만 하려느냐

나는 네 것 아니라

박용철

나는 네 것 아니라 네 가운데 안 사라졌다
　안 사라졌다 나는 참말 바라지마는
한낮에 켜진 촛불이 사라짐같이
　바닷물에 듣는 눈발이 사라짐같이

나는 너를 사랑는다, 내 눈에는 네가 아직
　아름답고 빛나는 사람으로 비친다
　너의 아름답고 빛남이 보인다

그러나 나는 나, 마음은 바라지마는 ―
　빗속에 사라지는 빛같이 사라지기.

오 나를 깊은 사랑 속에 내어 던지라
　나의 감각을 뽑아 귀 어둡고 눈 멀게 하여라
너의 사랑이 폭풍우에 휩쓸리어
　몰리는 바람 앞에 가느단 촛불같이.

당신의 소년은

이용악

설룽한 마음 어느 구석엔가
숱한 별들 떨어지고
쏟아져내리는 빗소리에 포옥 잠겨 있는
당신의 소년은

아득히 당신을 그리면서
개울창에 버리고 온 것은
갈가리 찢어진 우산
나의 슬픔이 아니었습니다

당신께로의 불길이
나를 싸고 타올라도
나의 길은
캄캄한 채로 닫힌 쌍바라지에 이르러
언제나 그림자도 없이 끝나고

얼마나 많은 밤이 당신과 나 사이에
테로스의 바다처럼
엄숙히 놓여져 있습니까
당신은 당신의 슬픔에서만 나를 찾았고
나는 나의 슬픔을 통해 당신을 만났을 뿐입니까

어느 다음날
수풀을 헤치고 와야 할 당신의 옷자락이
휘얼 휠 앞을 흐리게 합니다
어디서 당신은 이처럼 소년을 부르십니까

내 탓

장정심

친구를 안다 함은 얼굴만 안 것이지
맘이야 누가 알까 짐작도 못 하렸다
오늘에 맘 아파함은 내 탓인가 하노라

떨어져 보라
저 달 어서 떨어져라
그 혼란스럼
아름다운 천둥 지둥

호젓한 삼경
산 위에 홀히
꿈꾸는 바다
깨울 수 없다

황홀한 달빛

김영랑

황홀한 달빛
바다는 은(銀)장
천지는 꿈인 양
이리 고요하다

부르면 내려올 듯
정든 달은
맑고 은은한 노래
울려날 듯

저 은장 위에
떨어진단들
달이야 설마
깨어질라고

이 길,
지나가는 이도 없이
저무는 가을.

この道や行く人なしに秋の暮

마쓰오 바쇼

달을 쏘다

윤동주

번거롭던 사위(四圍)가 잠잠해지고 시계 소리가 또렷하나 보니 밤은 저윽이 깊을 대로 깊은 모양이다. 보던 책자를 책상 머리에 밀어놓고 잠자리를 수습한 다음 잠옷을 걸치는 것이다. 「딱」스위치 소리와 함께 전등을 끄고 창녘의 침대에 드러누우니 이때까지 밝은 휘양찬 달 밤이었던 것을 감각치 못하였었다. 이것도 밝은 전등의 혜택이었을까.

나의 누추한 방이 달빛에 잠겨 아름다운 그림이 된다는 것보담도 오히려 슬픈 선창(船艙)이 되는 것이다. 창살이 이마로부터 콧마루, 입술, 이렇게 하얀 가슴에 여맨 손등에까지 어른거려 나의 마음을 간지르는 것이다. 옆에 누운 분의 숨소리에 방은 무시무시해진다. 아이처럼 황황해지는 가슴에 눈을 치떠서 밖을 내다보니 가을 하늘은 역시 맑고 우거진 송림은 한 폭의 묵화다.
달빛은 솔가지에 쏟아져 바람인 양 쇄— 소리가 날 듯하다. 들리는 것은 시계 소리와 숨소리와 귀또리 울음뿐 벅쩍대던 기숙사도 절간보다 더 한층 고요한 것이 아니냐?

나는 깊은 사념에 잠기우기 한창이다. 딴은 사랑스런 아가씨를 사유(私有)할 수 있는 아름다운 상화(想華)도 좋고, 어릴 적 미련을 두고 온 고향에의 향수도 좋거니와 그보담 손쉽게 표현 못할 심각한 그 무엇이 있다.

바다를 건너 온 H 군의 편지 사연을 곰곰 생각할수록 사람과 사람 사이의 감정이란 미묘한 것이다. 감상적인 그에게도 필연코 가을은 왔나 보다.
편지는 너무나 지나치지 않았던가, 그중 한 토막,
「군아, 나는 지금 울며울며 이 글을 쓴다. 이 밤도 달이 뜨고, 바람이 불고, 인간인 까닭에 가을이란 흙냄새도 안다. 정의 눈물, 따뜻한 예술학도였던 정의 눈물도 이 밤이 마지막이다.」
또 마지막 켠으로 이런 구절이 있다.
「당신은 나를 영원히 쫓아 버리는 것이 정직할 것이오.」
나는 이 글의 뉘앙스를 해득할 수 있다.

그러나 사실 나는 그에게 아픈 소리 한 마디 한 일이 없고 서러운 글 한 쪽 보낸 일이 없지 아니한가. 생각컨대 이 죄는 다만 가을에게 지워 보낼 수밖에 없다.

홍안서생(紅顔書生)으로 이런 단안을 내리는 것은 외람한 일이나 동무란 한낱 괴로운 존재요, 우정이란 진정코 위태로운 잔에 떠 놓은 물이다. 이 말을 반대할 자 누구랴. 그러나 지기(知己) 하나 얻기 힘든다 하거늘 알뜰한 동무 하나 잃어버린다는 것이 살을 베어 내는 아픔이다.

나는 나를 정원에서 발견하고 창을 넘어 나왔다든가 방문을 열고 나왔다든가 왜 나왔느냐 하는 어리석은 생각에 두뇌를 괴롭게 할 필요는 없는 것이다. 다만 귀뚜라미 울음에도 수줍어지는 코스모스 앞에 그윽이 서서 닥터 빌링스의 동상 그림자처럼 슬퍼지면 그만이다.
나는 이 마음을 아무에게나 전가시킬 심보는 없다. 옷깃은 민감이어서 달빛에도 싸늘히 추워지고 가을 이슬이란 선득선득하여서 설운 사나이의 눈물인 것이다.

발걸음은 몸뚱이를 옮겨 못가에 세워 줄 때 못 속에도 역시 가을이 있고, 삼경(三更)이 있고, 나무가 있고, 달이 있다.

그 찰나, 가을이 원망스럽고 달이 미워진다. 더듬어 돌을 찾아 달을 향하여 죽어라고 팔매질을 하였다. 통쾌! 달은 산산이 부서지고 말았다. 그러나 놀랐던 물결이 잦아들 때 오래잖아 달은 도로 살아난 것이 아니냐, 문득 하늘을 쳐다보니 얄미운 달은 머리 위에서 빈정대는 것을…

나는 곳곳한 나뭇가지를 골라 띠를 째서 줄을 메워 훌륭한 활을 만들었다. 그리고 좀 탄탄한 갈대로 화살을 삼아 무사(武士)의 마음을 먹고 달을 쏘다.

Dr. Paul Gachet(Portrait of Dr. Gachet) 1890

Paul Gauguin's Armchair 1888

The Starry Night(De sterrennacht) 1889

Starry Night Over the Rhone(Nuit Étoilée sur le Rhône) 1888

Self Portrait with Bandaged Ear 1889

Nursery on Schenkweg 1882

Thatched Cottages in the Sunshine Reminiscence of the North 1890

Wheatfield with Crows 1890

Wheatfields under Thunderclouds 1890

Cafe Terrace, Place du Forum, Arles 1888

Girl in White 1890

Adeline Ravoux 1890

Memory of the Garden at Etten(Ladies of Arles) 1888

Road with Cypress and Star 1890

White House at Night 1890

Almond Blossoms 1890

Wheat Field in Rain 1889

Sunset at Montmajour 1888

Peasant Burning Weeds 1883

Autumn Landscape 1885

Irises 1890

Roses 1890

Sprig of flowering almond in a glass 1888

The Man is at Sea (After Demont-Breton) 1889

Farmhouse in a Wheat Field 1888

Hospital at Saint-Rémy 1889

The Brothel (Le Lupanar) 1888

The Poplars at Saint-Rémy 1889

Irises 1890

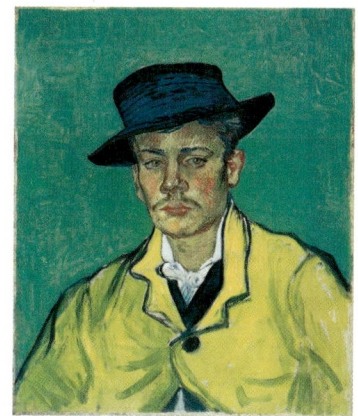

Portrait of Armand Roulin 1888

Farming Village at Twilight 1884

Wheat Field with Cypresses at the Haude
Galline near Eygalieres 1889

The Night Café 1888

The Bedroom 1889

Cottages and Cypresses Reminiscence of the North 1890

Self-Portrait 1989

Beach at Scheveningen in Stormy Weather 1882

The Church at Auvers 1890

Two Cypresses 1889

L'Arlesienne, Portrait of Madame Ginoux 1888

Farmhouse in Provence 1888

Vase with Twelve Sunflowers 1888

Belvedere Overlooking Montmartre 1886

10월의 화가와 시인 이야기

소용돌이치는 붓질 속으로,
빈센트 반 고흐 이야기

빈센트 반 고흐

빈센트 반 고흐는 1853년 3월 30일 네덜란드 남부의 프로트즌델트에서 태어났다. 목사였던 아버지와 신앙심 깊은 어머니의 6남매 중 장남으로 자랐다. 그는 사실 차남이지만, 형이 고흐가 태어나기도 전에 죽었기 때문에 장남으로 대우받았다. 형과 똑같은 이름을 가졌기 때문에 고흐는 살면서 죽  은 형을 대신해 살고 있다는 생각에 항상 죽음을 생각하며 살았다고 한다.

그는 어린 시절부터 조용하고 예민한 성격을 보였다. 자연 속에서 산책하며 꽃과 나무, 농촌의 풍경을 관찰하는 것을 좋아했고, 이는 훗날 그의 작품 세계에 깊이 스며들었다. 학업 성취는 두드러지지 않았으나 독서와 그림에 몰두했으며, 내성적이면서도 감수성이 풍부하여 이미 유년 시절부터 예술가적 자질을 보였다.

1869년부터 1876년까지는 큰아버지의 권유를 받아 구필 화랑에서 조수로 일했고, 학교 교사와 전도사로도 잠깐 일했다. 이후 1880년부터 화가로서 그림을 그리기 시작했다.

Still Life with Cabbage and Clogs 1881

Sien's Mother's House, Closer View 1882

형의 예술과 삶을 지지해준
든든한 후원자, 테오

고흐는 특히 동생 테오와 우애가 깊었는데, 이는 서로 주고받았던 엄청난 양의 편지에 충분히 기록되어 있다. 이 편지들은 보존되어 오다가 1914년에 출판되었다. 편지에는 고흐가 예민한 성격의 재능 있는 작가라는 것과 더불어 무명화가로서의 고단한 삶에 대한 슬픔도 묘사되어 있다. 테오는 고흐의 예술적 성장을 위해 정신적으로, 경제적으로 헌신적인 지원을 아끼지 않았다.

고흐가 경제적 어려움과 정서적 혼란 속에서도 그림을 포기하지 않고 몰두할 수 있었던 것은 거의 전적으로 동생 테오의 지원 덕분이었다. 고흐는 자신의 예술적 고민, 작품 구상, 심지어 일상의 소소한 사건까지 편지로 테오에게 털어놓으며, 그 속에서 정신적 안정과 창작의 동기를 얻었다. 테오는 그림을 구매하고 재료를 보내주는 것뿐 아니라 형의 예술적 비전과 감정을 진지하게 경청하며, 언제나 그의 편에서 이해와 격려를 보냈다.

특히 고흐가 말년의 극심한 정신적 고통과 고독에 시달리던 시기, 테오의 존재는 그의 유일한 정서적 버팀목이자 안식처였다. 형제의 편지는 서로의 내면과 예술적 열정을 깊이 공유한 기록으로 남아 있으며, 이를 통해 빈센트 반 고흐가 단순한 화가가 아닌, 인간적 고뇌와 형제애 속에서 끊임없이 예술을 추구한 예술가였음을 알 수 있다. 테오 역시 형의 죽음 이후, 남은 여생을 고흐의 작품을 알리고 보호하는 데 헌신하며, 형제의 유대가 예술사적으로도 지니는 의미를 증명했다.

Pollard Willow 1882

Old Woman Seen from Behind 1882

deux fois cela est bon aussi

Je crois que des deux toiles de cyprès celle dont je fais le croquis sera la meilleure. Les arbres y sont très grands et massifs. L'avant plan très bas des ronces et broussailles. Derrière des collines violettes un ciel vert et rose avec un croissant de lune. L'avant plan surtout est très empâté des touffes de ronces jaunes à reflets jaunes violets verts. Je t'en enverrai des dessins avec deux autres dessins que j'ai encore faits.

Cypresses (Sketch on a Letter to Theo Van Gogh) 1889

Head of a Man (Possibly Theo van Gogh) 1887

Honesty in a Vase 1885

강렬한 색채와 역동적인 붓터치로
감정을 시각화하다

빈센트 반 고흐의 작품은 강렬한 색채와 두터운 붓질, 역동적인 화면 구성이 특징이다. 고흐는 특히 노랑, 파랑, 초록 등 원색의 대비를 극적으로 활용하여 작품 속 감정을 강하게 전달했다. 임파스토(impasto) 기법을 사용하여 물감을 두껍게 쌓음으로써, 붓자국과 질감이 화면에 살아 움직이는 듯한 생동감을 더했다. 붓질의 방향, 속도, 강약은 단순한 형체 묘사 이상의 역할을 했는데, 이를 통해 작품 전체에 리듬과 긴장감을 만들어내며, 보는 이로 하여금 작품 속 공간과 감정의 흐름을 자연스럽게 느끼게 한다.

또한 고흐는 색채와 붓질을 통해 자신의 심리 상태와 내면적 감정을 투영했다. 예를 들어, 격정적이거나 불안한 마음을 표현할 때는 소용돌이치듯 힘찬 붓질과 강렬한 색채 대비를 사용했고, 고요하거나 평화로운 장면에서는 부드럽고 반복적인 붓질과 따뜻한 색조를 선택했다. 이러한 시각적 표현은 단순히 대상의 외형을 묘사하는 것을 넘어, 자신이 느낀 감정과 긴장, 열정을 직접 전달하는 역할을 했다. 결과적으로 그의 화풍은 색채, 붓질, 구성의 삼박자가 어우러져 화면 전체가 살아 있는 듯한 역동적 에너지를 드러낸다. 이러한 특징은 〈별이 빛나는 밤〉, 〈해바라기〉, 〈아를의 침실〉, 〈까마귀 나는 밀밭〉, 〈꽃피는 아몬드 나무〉와 같은 대표작에서 잘 드러난다.

View of Auvers with Church 1890

Tree Trunks in the Grass 1890

Road with Cypresses 1890

Roses 1890

Daubigny's Garden 1890

정신적 고통 속에서도
피어난 창작의 욕구

빈센트 반 고흐는 여러 사건에 휘말리며 브뤼셀과 헤이그, 뇌넨, 파리, 아를, 생레미, 오베르 등 한 곳에 정착하지 못하고 계속해서 지역을 옮기며 생활했다.

1888년, 고흐는 프랑스 남부의 아를로 거처를 옮겨 새로운 창작의 전환점을 맞이했다. 그는 '노란 집'이라 불리는 작업 공간을 마련하고, 화가 폴 고갱을 초대해 예술가 공동체를 만들고자 했다. 두 사람은 초기에는 함께 그림을 그리고 토론하며 창작적 자극을 주고받았지만, 점차 성격 차이와 예술적 견해의 충돌로 갈등이 깊어졌다. 특히 고갱의 이성적인 태도와 고흐의 감정적인 기질이 맞지 않았고, 그로 인해 두 사람의 관계는 급격히 악화됐다. 결국 1888년 12월 23일, 극심한 정신적 혼란을 겪던 고흐는 자신의 왼쪽 귀 일부를 자르는 자해를 저질렀고, 이는 고갱은 물론 지역 사회에도 큰 충격을 주었다. 이후 고갱은 파리로 떠났고, 고흐는 아를 시립 병원에 입원했다. 퇴원 후에도 그는 불안정한 정신 상태로 인해 환각과 발작을 반복했고, 주민들은 그를 위험인물로 간주해 강제 입원을 요구하기에 이르렀다.

그럼에도 불구하고 아를 시절은 고흐에게 창작적 결실이 많은 시기였다. 그는 정신적 고통과 고독 속에서도 약 200여 점의 작품을 그렸으며, 〈귀에 붕대를 감고 있는 자화상〉, 〈양파가 있는 정물〉, 〈자장가〉, 〈우체부 조제프 룰랭의 초상〉 등과 같은 중요한 작품들을 완성했다. 결국 고흐는 테오의 도움으로 보다 안정적으로 그림을 그릴 수 있는 생레미의 요양원으로 옮겨, 이후 정신적 회복과 함께 예술적 탐구를 이어갔다.

Portrait of Joseph Roulin 1889

Ward in the Hospital at Arles 1889

Van Gogh's Chair 1888

Laboureur dans un Champ 1889

The Sower (Sower with Setting Sun) 1888

고통과 고독 속에서 타오른
빈센트 반 고흐의 마지막 열정

1888년 가을, 고흐는 아를에서 고갱과의 공동생활 중 병의 발작에 의해서 자기의 왼쪽 귀를 자르는 사건을 일으켜 정신병원에 입원했고, 생 레미에 머물던 시절에 입퇴원 생활을 되풀이했다. 1890년 봄, 고흐는 파리 근교의 오베르 쉬르 우아즈로 이주해 작품 활동을 계속했다. 말년의 고흐는 정신적인 고통과 고독 속에 있었지만, 동시에 가장 왕성하게 그림을 그렸다. 이 시기에 완성한 수많은 작품은 그의 내면 상태와 자연에 대한 관찰, 존재에 관한 고민을 담고 있다.

1890년 7월 27일, 고흐는 들판으로 걸어나가 자신의 가슴에 총을 쏘았다. 그는 즉시 사망하지는 않았으나 치명적인 총상으로 인해 비틀거리며 집으로 돌아왔고, 이틀 동안 심한 고통에 시달리다가 동생 테오가 바라보는 앞에서 37세의 나이로 생을 마감했다.

고흐는 생전에는 거의 인정받지 못했지만, 약 10년간의 활동 기간 동안 2,000여 점에 달하는 작품을 남겼다. 그의 작품은 사후에 재조명되었고, 오늘날에는 현대 미술의 방향을 바꾼 중요한 작가로 평가받는다. 고흐의 예술은 여전히 많은 이들에게 깊은 울림을 주고 있다.

Pine Trees with Figure in the Garden of Saint-Paul Hospital 1889

Still Life with Oranges and Lemons with Blue Gloves 1889

Wheat Fields after the Rain (The Plain of Auvers) 1890

Two Lovers, Arles (Fragment) 1890

Sheaves of Wheat 1890

10월의 시인들

**김영랑
박용철
박인환
백석
윤곤강
윤동주
이상화
이용악
이장희
장정심
정지용
라이너 마리아 릴케
가가노 지요니
다카하마 교시
마쓰오 바쇼
사이교
이케니시 곤스이**

김영랑

金永郞. 1903~1950. 시인이자 독립운동가다. 본관은 김해(金海). 본명은 김윤식(金允植). 영랑은 아호인데《시문학》에 작품을 발표하면서부터 사용하기 시작했다. 1903년 전라남도 강진에서
태어났다. 강진보통학교를 졸업한 후 1917년 휘문의숙에 입학했지만 1919년 3·1운동 때 학교를 그만두고 강진에서 만세운동을 벌일 계획을 세우다 체포되었다. 징역 1년 형을 받고 투옥되었지만, 실제 만세운동을 벌이지 않았다는 이유로 무죄를 선고받았다. 이후 1920년 일본 유학길에 올라 아오야마학원에서 영문학을 공부했다. 일본에서 유학하며 아나키스트이자 사회운동가인 박열과 교류했다. 1923년 관동 대지진이 일어나면서 학업을 중단하고 귀국했다.

1930년 정지용, 박용철 등과 함께《시문학》동인에 가입하며 본격적인 작품 활동을 시작했다. 초기 시는 1935년 박용철에 의하여 발간된『영랑시집』초판의 수록시편들이 해당되는데, 여기서는 자연에 대한 깊은 애정이나 인생을 바라보는 태도에서의 역정(逆情)·회의 같은 것은 찾아볼 수 없다. '슬픔'이나 '눈물'의 용어가 수없이 반복되면서 그 비애의식은 영탄이나 감상에 기울지 않고, '마음'의 내부로 향하며 정감의 극치를 이루고 있다. 김영랑의 초기 시는 같은 시문학동인인 정지용 시의 감각적 기교와 더불어 그 시대 한국 순수시의 극치를 보여주고 있다.

김영랑은 특히 서정시의 대표적인 시인으로, 감성적이고 아름다운 언어로 민족적 정서를 표현하는 데 집중했다. 그의 시에는 자연과 인간, 사랑과 이별, 그리고 고향에 대한 향수가 깊이 묻어난다. 대표적인 작품으로는 「모란이 피기까지는」 「나그네」 「춘원」 「별」 「시인의 시」 등이 있다. 특히 「모란이 피기까지는」은 김영랑의 대표적인 시로, 사랑과 기다림, 그리고 삶에 대한 깊은 성찰이 녹아 있는 작품이다.

김영랑은 문학적인 성향상, 전통적인 한국 시의 양식을 고수하면서도, 그 안에 근대적 감각을 녹여내고자 했다. 그는 민족의 정서를 현대적이고 미학적인 방식으로 풀어내는 데 집중했다. 이러한 특성 덕분에 김영랑은 한국 문학사에서 중요한 역할을 하게 되었다.

1940년을 전후하여 민족항일기 말기에 발표된 「거문고」 「독(毒)을 차고」 「망각(忘却)」 「묘비명(墓碑銘)」 등의 후기 시에서는 그 형태적인 변모와 함께 인생에 대한 깊은 회의와 '죽음'의 의식이 나타나 있다.

김영랑은 1950년 한국전쟁 당시 서울에서 포탄 파편에 맞아 48세에 사망했다.

박용철

朴龍喆. 1904~1938. 시인이자 문학평론가, 번역가 등으로 활동했다. 전라남도 광산군(현 광주광역시 광산구)에서 출생하였다. 배재고등보통학교를 거쳐 일본 도쿄 아오야마 학원(青山學園)과 연희전문에서 수학했다.

일본 유학 중 시인 김영랑과 교류하며 1930년 《시문학》을 함께 창간해 등단했다. 1931년 《월간문학》, 1934년 《문학》 등을 창간해 순수문학 계열로 활동했다. "나 두 야 간다/나의 이 젊은 나이를/눈물로야 보낼거냐/나 두 야 가련다"로 시작되는 대표작 「떠나가는 배」 등의 시는 그의 초기작이고, 이후로는 주로 극예술연구회의 회원으로 활동하며 해외 시와 희곡을 번역하고 평론을 발표하는 방향으로 관심을 돌렸다.

1938년 결핵으로 사망해 자신의 작품집은 생전에 내보지 못했다. 사망 1년 후 『박용철 전집』이 시문학사에서 간행됐다. 전집의 전체 내용 중 번역이 차지하는 부분이 절반이 넘어, 박용철의 번역 문학에 대한 관심을 알 수 있다. 괴테, 하이네, 릴케 등 독일 시인의 시가 많았다. 번역 희곡으로는 셰익스피어의 『베니스의 상인』, 헨리크 입센의 『인형의 집』 등이 있다. 극예술연구회 회원으로 활동하며 번역한 작품들이다.

박용철은 1930년대 문단에서 임화와 조선프롤레타리아예술가동맹으로 대표되는 경향파 리얼리즘 문학, 김기림으로 대표되는 모더니즘 문학과 대립해 순수문학이라는 흐름을 이끌었다. 김영랑, 정지용, 신석정, 이하윤 등이 같은 시문학파들이다.

박용철의 시는 김영랑이나 정지용과 비교해 시어가 맑거나 밝지는 않은 대신, 서정시의 바탕에 사상성이나 민족의식이 깔려 그들의 시에서는 없는 특색이라는 평가가 있다. 그는 릴케와 키에르케고르의 영향을 받아 회의·모색·상징 등이 주조를 이룬다.

광주에 생가가 보존돼 있고 광주공원에는 「떠나가는 배」가 새겨진 시비도 건립되어 있다. 광주광역시 광산구에서는 매년 용아예술제를 열고 있다.

박인환

朴寅煥. 1926~1956. 일제강점기의 시인이다. 강원도 인제군 인제면 상동리에서 출생했다. 평양 의학 전문학교를 다니다가 8·15 광복을 맞으면서 학업을 중단, 종로 2가 낙원동 입구에 서점 마리서사를 개업했다. 한국전쟁이 일어나자, 9·28 수복 때까지 지하생활을 하다가 가족과 함께 대구로 피난, 부산에서 종군기자로 활동했다.
조선청년문학가협회 시부가 주최한 '예술의 밤'에 참여하여 시 「단층(斷層)」을 낭독하고, 이를 예술의 밤 낭독시집인 『순수시선』(1946)에 발표함으로써 등단했다. 「거리」「남풍」「지하실」 등을 발표하는 한편 「아메리카 영화시론」을 비롯한 많은 영화평을 썼고, 1949년엔 김경린, 김수영 등과 함께 5인 합동시집 『새로운 도시와 시민들의 합창』을 발간하여 본격적인 모더니즘의 기수로 주목받기 시작했다. 1955년 『박인환 시선집』을 간행하였고, 그 다음 해인 1956년에 31세의 나이에 심장마비로 자택에서 별세하였다.

혼란한 정국과 전쟁 중에도, 총 173편의 작품을 남기고 타계한 박인환은 암울한 시대의 절망과 실존적 허무를 대변했으며, 그가 사망한 지 20년 후인 1976년에 시집 『목마와 숙녀』가 간행되었다.

백석

白石. 1912~1996. 일제 강점기와 조선 민주주의인민공화국의 시인이자 소설가, 번역문학가다. 본명은 백기행(白夔行)이며 본관은 수원(水原)이다. '白石(백석)'과 '白奭(백석)'이라는 아호(雅號)가 있었으나, 작품에서는 거의 '白石(백석)'을 쓰고 있다.

평안북도 정주(定州) 출신. 오산고등보통학교를 마친 후, 일본에서 1934년 아
오야마학원 전문부 영어사범과를 졸업하였다. 부친 백용삼과 모친 이봉우 사이의 3남 1녀 중 장남으로 출생했다. 부친은 우리나라 사진계의 초기인물로《조선일보》의 사진반장을 지냈다. 모친 이봉우는 단양 군수를 역임한 이양실의 딸로 소문에 의하면 기생 내지는 무당의 딸로 알려져 백석의 혼사에 결정적인 지장을 줄 정도로 당시로서는 심한 천대를 받던 천출의 소생으로 알려져 있다. 1930년《조선일보》신년현상문예에 1등으로 당선된 단편소설「그 모(母)와 아들」로 등단했고, 몇 편의 산문과 번역소설을 내며 작가와 번역가로서 활동했다. 실제로는 시작(時作) 활동에 주력했으며, 1936년 1월 20일에는 그간《조선일보》와《조광(朝光)》에 발표한 7편의 시에, 새로 26편의 시를 더해 시집『사슴』을 자비로 100권 출간했다. 이 무렵 기생 김진향을 만나 사랑에 빠졌고 이때 그녀에게 '자야(子夜)'라는 아호를 지어주었다. 이후 1948년《학풍

(學風)》창간호에 〈남신의주 유동 박시봉방(南新義州 柳洞 朴時逢方)〉을 내놓기까지 60여 편의 시를 여러 잡지와 신문, 시선집 등에 발표했으나, 분단 이후 북한에서의 활동은 정확히 알려진 것이 없다. 백석은 자신이 태어난 마을과 마을 사람들 그리고 주변 자연을 대상으로 시를 썼다. 작품에는 평안도 방언을 비롯하여 여러 지방의 사투리와 고어를 사용했으며 소박한 생활 모습과 철학적 단면이 시에 잘 드러나 있다. 그의 시는 한민족의 공동체적 친근감에 기반을 두었고 작품의 도처에는 고향의 부재에 대한 상실감이 담겨 있다.

윤곤강

尹崑崗, 1911~1949. 일제강점기의 시인이자 문학평론가다. 1911년 충청남도 서산에서 태어났으며, 본명은 윤붕원(尹朋遠), 아명은 윤명원(尹明遠)이다. 1930년 보성고등보통학교를 졸업한 뒤 같은 해 혜화전문학교(지금의 동국대학교)에 입학했다가 중퇴했다. 이후 1933년 일본으로 갔으며, 1935년 센슈대학교 법철학과를 졸업했다.

1936년 《시학(詩學)》 동인의 한 사람으로 문단에 등장했다. 초기에는 카프(KAPF)파의 한 사람으로 시를 썼으나 곧 암흑과 불안, 절망을 노래하는 퇴폐적 시풍을 띠게 되었고 풍자적인 시를 썼다. 윤곤강의 시는 초기에 하기하라 사쿠타로와 보들레르의 영향을 받았고, 해방 후에는 전통적 정서에 대한 애착과 탐구로 기울어지기 시작했다.

윤곤강의 작품세계는 크게 해방 전과 후로 나뉜다. 초기 시집에서는 식민지 지식인의 허탈함과 무력함을 담은 고통스러운 현실을 노래했다. 해방 이후에는 전통을 계승하고 민족 정서를 탐구하고자 하며 새로운 시도를 했다.

동인지 《시학》을 주간하였으며, 출간한 시집으로는 첫 시집 『대지』(1937)를 비롯해 『만가』(1938) 『동물시집』(1939) 『빙화』(1940) 『살어리』(1948) 등이 있고, 시론집으로 『시와 진실』(1948)이 있다.

윤동주

尹東柱. 1917~1945. 일제강점기의 저항(항일) 시인이자 독립운동가다. 아명은 해환(海煥). 만주 북간도의 명동촌에서 태어났으며, 기독교인인 할아버지의 영향을 받았다. 1931년(14세)에 명동소학교를 졸업하고, 한때 중국인 관립학교인 대랍자(大拉子)소학교를 다니다 가족이 용정으로 이사하자 용정에 있는 은진중학교에 입학했다.
1935년에 평양의 숭실중학교로 전학하였으나, 학교에 신사참배 문제가 발생하여 폐쇄당하고 말았다. 다시 용정에 있는 광명학원의 중학부로 편입하여 거기서 졸업했다. 1941년에는 서울의 연희전문학교 문과를 졸업하고, 일본으로 건너가 도쿄에 있는 릿쿄 대학 영문과에 입학했다가, 다시 1942년, 도시샤 대학 영문과로 옮겼다. 1943년 7월 학업 도중 귀향하려던 시점에 항일운동을 했다는 혐의로 일본 경찰에 체포되어 2년 형을 선고받고 후쿠오카 형무소에서 복역했다. 그러나 복역 중 건강이 악화되어 1945년 2월에 생을 마감하고 말았다. 유해는 그의 고향 용정에 묻혔다. 한편, 그의 죽음에 관해서는 옥중에서 정체를 알 수 없는 주사를 정기적으로 맞은 결과이며, 이는 일제의 생체실험의 일환이었다는 주장도 제기되고 있다.
15세부터 시를 쓰기 시작하여 첫 작품으로 「삶과 죽음」「초한대」를 썼다. 발표 작품으로는 만주 연길에서 발간된 잡지 《가톨릭 소년》에 실린 동시 「병아리」 「빗자루」 「오줌싸개 지도」 「무얼 먹구사나」 「거짓부리」 등이 있다. 연희전문학교 시절 작품으로는 《조선일보》에 발표한 산문 「달을 쏘다」, 교지 《문우》에 게재된 「자화상」 「새로운 길」이 있다. 그의 유작인 「쉽게 쓰여진 시」는 사후인 1946년 《경향신문》에 게재되기도 했다.

윤동주의 대표작으로는 「서시」 「별 헤는 밤」 「자화상」 등이 있으며, 그 중에서도 「서시」는 그의 철학적이고 민족적 고뇌를 잘 나타낸 작품으로, 현재까지도 많은 사람들이 기억하는 명작으로 꼽힌다. 이 시는 자기 자신을 고백하는 형식으로 시작되며, 일제의 압박 속에서 자아를 찾고자 하는 고독한 내면의 목소리를 담고 있다.

윤동주의 절정기에 쓰인 작품들을 1941년 연희전문학교를 졸업하던 해에 '하늘과 바람과 별과 시'라는 제목으로 발간하려 하였으나 뜻을 이루지 못했다. 그의 자필 유작 3부와 다른 작품들을 모아 친구 정병욱과 동생 윤일주가, 사후에 그의 뜻대로 1948년, 『하늘과 바람과 별과 시』라는 제목으로 출간했다. 29년의 짧은 생애를 살았지만 특유의 감수성과 삶에 대한 고뇌, 독립에 대한 소망이 서려 있는 작품들로 인해 대한민국 문학사에 길이 남은 전설적인 문인이다. 2017년 12월 30일, 탄생 100주년을 맞이했다.

이상화

李相和. 1901~1943. 일제강점기의 시인이다. 경상북도 대구에서 태어났다. 7세에 아버지를 잃고, 14세까지 가정 사숙에서 큰아버지 이일우의 훈도를 받으며 수학하였다. 18세에 경성중앙학교(지금의 중앙중·고등학교) 3년을 수료하고 강원도 금강산 일대를 방랑하였다. 1917년 대구에서 현진건·백기만·이상백과 《거화(炬火)》를 프린트판으로 내면서 시작 활동을 시작하였다. 21세에는 현진건의 소개로 박종화를 만나 홍사용·나도향·박영희 등과 함께 '백조(白潮)' 동인이 되어 본격적인 문단 활동을 시작하였다.

이상화의 후기 작품은 철저한 회의와 좌절의 경향을 보여주는데 그 대표적 작품으로는 「역천(逆天)」(1935) 「서러운 해조」(1941) 등이 있다. 문학사적으로 평가하면, 어떤 외부적 금제로도 억누를 수 없는 개인의 존엄성과 자연적 충동(情)의 가치를 역설한 이광수의 논리의 연장선상에 놓여 있는 '백조파' 동인의 한 사람이다. 동시에 그 한계를 뛰어넘은 시인으로, 방자한 낭만과 미숙성과 사회개혁과 일제에 대한 저항과 우월감에 가득한 계몽주의와 로맨틱한 혁명사상을 노래하고, 쓰고, 외쳤던 문학사적 의의를 보여주고 있다.

이용악

李庸岳. 1914~1971. 함경북도 경성 출생. 고향에서 보통학교를 졸업한 후 1936년 일본 조치대학(上智大學) 신문학과에서 수학했다. 1935년 3월「패배자의 소원」을 처음으로 《신인문학》에 발표하면서 작품활동을 시작했다. 같은 해「애소유언(哀訴遺言)」「너는 왜 울고 있느냐」「임금원의 오후」「북국의 가을」등을 발표하는 등 왕성하게 창작활동을 했으며, 《인문평론(人文評論)》의 기자로 근무하기도 했다. 1937년 첫 번째 시집『분수령』을 발간하였고, 이듬해 두 번째 시집『낡은 집』을 도쿄에서 발간하였다.

이용악은 초기 작품에서 소년시절의 가혹한 체험, 고학, 노동, 끊임없는 가난, 고달픈 생활인으로서의 고통 등 자신의 체험을 뛰어난 서정시로 읊었다. 이러한 개인적 체험을 일제 치하 유민(遺民)의 참담한 삶과 궁핍한 현실로 확대시킨 점에 이용악의 특징이 있다. 1946년 광복 후 조선문학가동맹의 시 분과 위원으로 활동하면서 《중앙신문》기자로 생활했다. 이 시기에 시집『오랑캐꽃』을 발간했다. 1949년 시집『이용악집』을 발표하였다가 체포되어 서대문형무소에 수감된다. 그러다 6·25 전쟁이 발발하면서 석방된다. 이후 이용악은 6·25 전쟁 도중 박태원 등과 함께 월북했으며, 1971년 사망했다고 전해진다.

이장희

李章熙. 1900~1929. 일제강점기의 시인이다. 본명은 이양희(李樑熙), 아호는 고월(古月). 1900년 경상북도 대구에서 태어났다. 대구보통학교와 일본 교토중학교를 졸업했다. 1920년에 이장희(李樟熙)로 개명하였으나 필명으로 장희(章熙)를 사용한 것이 본명처럼 되었다. 문단의 교우 관계는 양주
동·유엽·김영진·오상순·백기만·이상화 등 극히 제한되어 있었다. 이장희의 아버지는 조선총독부 중추원의 참의로서 일본인들과의 교류가 활발했다. 이장희에게 통역을 맡기려고 하거나 총독부 관리로 취직하라고 권유했지만 이장희는 그 말들을 한 번도 따르지 않고 모두 거부했다. 이후 이장희의 아버지도 이장희를 버린 자식으로 취급했으며, 이장희는 매우 가난하게 살았다. 세속적인 것을 싫어하여 고독하게 살다가 1929년 11월 대구 자택에서 음독자살했다.
1924년 《금성》 3월호에 「실바람 지나간 뒤」 「새 한 마리」 「불놀이」 「무대」 「봄은 고양이로다」 등 5편의 시와 톨스토이 원작의 번역소설 『장구한 귀양』을 발표하면서 등단했다. 이후 《신민》 《생장》 《여명》 《신여성》 《조선문단》 등 잡지에 「동경」 「석양구」 「청천의 유방」 「하일소경」 「봄철의 바다」 등 30여 편의 작품을 발표했다. 요절하였기에 생전에 출간된 시집은 없으며, 이장희의 사후인 1951년에 백기만이 6·25 한국전쟁 중 청구출판사에서 펴낸 『상화와 고월』에 시 11편만 실려 전해지다가 제해만 편 『이장희전집』(1982)과 김재홍 편 『이장희전집평전』(1983) 등 두 권의 전집에 유작이 모두 실렸다.

이장희의 전 시편에 나타난 시적 특색은 섬세한 감각과 시각적 이미지, 그리고 계절의 변화에 따른 시적 소재의 선택에 있다. 대표작 「봄은 고양이로다」는 다분히 보들레르와 같은 발상법을 바탕으로 하고 있는데 '고양이'라는 한 사물이 예리한 감각으로 조형되어 생생한 감각미를 보인다. 이 시는 작자의 순수지각(純粹知覺)에서 포착된 대상인 고양이를 통해서 봄이 주는 감각을 집약적으로 표현하고 있다. 1920년대 초반의 시단은 퇴폐주의·낭만주의·자연주의·상징주의 등 서구 문예사조에 온통 휩싸여 퇴폐성이나 감상성이 지나치게 노출되어 있었음에도 불구하고, 이장희의 시는 섬세한 감각과 이미지의 조형성을 보여주고 있다. 바로 뒤를 이어 활동한 정지용과 함께 한국시사에서 새로운 시적 경지를 개척했다.

장정심

張貞心. 1898~1947. 일제강점기의 시인이자 독립운동가다. 1898년 개성에서 태어났다. 호수돈여자고등보통학교를 마치고 서울로 와서 이화학당유치사범과와 협성여자신학교를 졸업하고 감리교여자사업부 전도사업에 종사했다.
1927년경부터 시를 쓰기 시작하여 많은 작품을 신문과 잡지에 발표했다. 기독교계에서 운영하는 잡지 《청년(靑年)》에 발표하면서부터 등단했다. 1933년 한성도서주식회사에서 간행한 『주(主)의 승리(勝利)』는 그의 첫 시집으로 신앙생활을 주제로 하여 쓴 단장(短章)으로 엮었다. 1934년 경천애인사(敬天愛人社)에서 출간된 두 번째 시집 『금선(琴線)』은 서정시·시조·동시 등으로 구분하여 200수 가까운 많은 작품을 수록하고 있다.
장정심의 시는 서정적이고 감성적이며, 자아의 내면과 여성적 정서를 중심으로 한 작품들이 많다. 또한, 근대화와 전쟁, 여성의 삶에 대한 고찰을 시로 풀어내며, 한국 문학에서 여성의 목소리를 더욱 선명하게 표현한 시인으로 평가된다. 독실한 신앙심을 바탕으로 한 맑고 고운 서정성의 종교시를 씀으로써 선구자적 소임을 다한 시인으로 높이 평가되고 있다.

정지용

鄭芝溶. 1902~1950. 대한민국의 대표적 서정 시인이다. 충청북도 옥천군에서 태어났다. 연못의 용이 하늘로 올라가는 태몽을 꾸었다고 하여 아명은 지룡(池龍)이라고 했다. 당시 풍습에 따라 열두 살에 송재숙과 결혼했으며, 1914년 아버지의 영향으로 로마 가톨릭에 입문하여 '방지거(方濟各, 프란치스코)'라는 세례명을 받았다. 옥천공립보통학교와 휘문고등보통학교를 졸업했고, 일본의 도시샤대학에서 영문학을 공부했다. 1926년《학조》창간호에「카페·프란스」를 발표하면서 등단했다.

정지용은 섬세하고 독특한 언어를 구사하며, 생생하고 선명한 대상 묘사에 특유의 빛을 발하는 시인이다. 한국현대시의 신경지를 열었다는 평가를 받고 있으며, 이상을 비롯하여 조지훈·박목월 등과 같은 청록파 시인들에게 영향을 주었다. 그는 휘문고보 재학 시절《서광》창간호에 소설「삼인」을 발표하였으며, 일본 유학시절에는 대표작이 된「향수」를 썼다. 1930년에 시문학 동인으로 본격적인 문단 활동을 했고, 구인회를 결성하고, 문장지의 추천위원으로도 활동했다. 해방 이후《경향신문》의 주간으로 일하며 대학에도 출강했는데, 이화여대에서는 라틴어와 한국어를, 서울대에서는 시경을 강의했다.

1950년 한국전쟁이 일어난 뒤에는 김기림·박영희 등과 함께 서대문형무소에 수용되었고, 이후 납북되었다가 사망했다. 사망 장소와 시기는 정확히 확인되지 않았는데, 1953년 평양에서 사망했다고 알려져 있다. 정지용은 서정적이고 감각적인 표현, 자연과 인간의 관계, 민족적 정서와 고전적 미학을 현대적 감각으로 풀어낸 시인으로, 한국 현대 시의 큰 기초를 닦았으며, 그의 문학적 특징은 오늘날까지 많은 이에게 영향을 미쳤다. 정지용의 시에서 가장 중요한 주제 중 하나는 자연과 인간을 하나로 엮는 것이다. 그는 자연과 인간의 융합을 통해 삶의 의미와 본질을 풀어냈으며, 자연의 변화를 통해 인간의 삶에 대한 성찰과 깨달음을 표현하려 했다. 특히 그의 대표작「향수」에서는 자연과 인간의 감정이 유기적으로 결합되어 하나의 독특한 시적 세계를 만들어냈다.

주요 저서로는『정지용 시집』(1935)『백록담』(1941)『지용문학독본』(1948)『산문』(1949) 등이 있다. 정지용의 고향 충북 옥천에서는 매년 5월에 지용제를 개최하고 있으며, 1989년부터는 시와 시학사에서 정지용문학상을 제정하여 매년 시상하고 있다.

라이너 마리아 릴케

Rainer Maria Rilke. 1875~1926. 20세기 독일어권을 대표하는 시인이자 산문가다. 본명은 르네 카를 빌헬름 요한 요제프 마리아 릴케(René Karl Wilhelm Johann Josef Maria Rilke)로, 1875년 12월 4일 오스트리아-헝가리 제국 프라하에서 태어났다. 어린 시절 군사학교에 다녔으나 중도 탈락하고, 이후 문학과 철학에 뜻을 두어 뮌헨, 베를린 등에서 수학했다.

1899년과 1900년, 러시아 여행 중 톨스토이와의 만남을 통해 종교적·예술적 사유를 심화시켰으며, 1905년부터 프랑스 조각가 오귀스트 로댕(Auguste Rodin)의 비서로 일하며 조형적 시 세계를 발전시켰다.

릴케의 대표작으로는 산문『말테의 수기』(1904), 시집『두이노 비가』(1923), 『오르페우스에게 바치는 소네트』(1923) 등이 있다. 삶과 죽음, 고독과 존재를 사유한 그의 시는 형이상학적 깊이를 지니며, 언어와 예술의 본질을 탐구한 독창적인 시 세계로 평가받는다.

라이너 마리아 릴케는 1926년 12월 29일 스위스 발몽에서 백혈병으로 사망하였다.

가가노 지요니

加賀千代尼. 1703~1775. 에도 시대의 여성 하이쿠 시인이다. 원래 이름은 '지요조(千代女)'이나 불교에 귀의했기 때문에 '지요니'라고 불린다. 어린 시절부터 문학에 재능을 보였고 12세부터 하이쿠를 배우기 시작했다. 17세에는 마쓰오 바쇼의 제자인 가카미 시코가 어린 지요니의 재능을 발견하고 문단에 소개함으로써 이름이 알려졌다.

나팔꽃 하이쿠로 친숙한데, 아침에 우물 두레박에 나팔꽃 덩굴이 얽혀 있어, 이를 해치지 않기 위해 이웃에게 물을 빌렸다는 내용을 담고 있다. 이 시는 자연에 대한 섬세한 관찰과 배려를 잘 나타내고 있다. 지요니가 자주 다룬 나팔꽃은 일본에서 여름을 대표하는 꽃 중 하나로, 아침에 피고 하루가 지나면 시드는 특성 덕분에 하이쿠에서 인생의 덧없음이나 무상함을 표현하는 데 적합한 소재로 여겨졌다.

또한 불교적 사상과 일상의 소박함을 담은 시를 주로 썼다. 지요니는 52세에 출가하여 법명을 소엔(素園)으로 하였으며, 이후에도 활발한 창작 활동을 이어갔다. 1763년에는 조선 통신사에게 자신의 하이쿠를 담은 족자와 부채를 헌정하는 등 국제적인 문화 교류에도 기여했다. 1775년, "달도 보며 나는 이 세상을 아프게 느낀다(月も見て 我はこの世をかしく哉)"라는 시를 유언으로 남기며 73세에 세상을 떠났다.

지요니의 생애와 작품은 현재까지도 많은 이들의 사랑을 받고 있으며, 지요니의 고향인 하쿠산시에는 그녀의 업적을 기리는 전시관이 설립되었고, 나팔꽃을 시화(市花)로 지정하여 매년 축제를 열고 있다.

다카하마 교시

高浜虛子. 1874~1959. 하이쿠 시인이자 소설가다. 일본 에히메현 마츠야마시에서 태어났다. 본명은 다카하마 기요시로, 교시는 마사오카 시키(正岡子規)로부터 받은 호다. 마사오카 시키의 영향으로 언문일치의 사생문을 썼으며, 나쓰메 소세키에게 자극을 받아 사생문체로 된 소설을 쓰기 시작하면서 여유파의 대표적인 작가로 유명해졌다. 메이지 40년대(1907)부터 소설에 주력하여 하이쿠 활동을 일시적으로 중단하기도 했다.

1911년 4~5월에 조선을 유람한 이야기를 7월에 신문에 연재한 후, 1912년 2월에 단행본 『조선』으로 출간했다. 1937년 예술원 회원이 되었고, 1940년에는 일본하이쿠작가협회 회장을 맡았으며, 1954년에는 문화훈장을 수장받기도 했다.

다카하마 교시는 1959년 4월 8일 85세를 일기로 사망했으며, 대표적인 소설로 『풍류참법(風流懺法)』(1907) 『배해사俳諧師』(1908) 『조선』『감 두 개』(1915) 등이 있다.

마쓰오 바쇼

松尾芭蕉. 1644~1694. 에도 시대 하이쿠의 완성자이며 하이쿠의 성인, 방랑미학의 창시자로 불린다. 마쓰오 바쇼는 에도 시대 전기에 해당하는 1644년 일본 남동부 교토 부근의 이가우에노에서 하급 무사 겸 농부의 아들로 태어났다. 본명은 마쓰오 무네후사(松尾宗房)이고, 어렸을 때 이름은 긴사쿠(金作)였다. 아버지가 일찍 세상을 뜨자 곤궁한 살림으로 인해 바쇼는 19세에 지역의 권세 있는 무사 집에 들어가 그 집 아들 요시타다를 시봉하며 지냈다. 두 살 연상인 요시타다는 하이쿠에 취미가 있어서 교토의 하이쿠 지도자 기타무라 기긴에게 사사하는 중이었다. 친동생처럼 요시타다의 총애를 받은 바쇼도 이것이 인연이 되어 하이쿠의 세계를 접하고 기긴의 가르침을 받게 되었다.

언어유희에 치우친 기존의 하이쿠에서 탈피해 문학적인 하이쿠를 갈망하던 이들이 바쇼에게서 진정한 하이쿠 시인의 모습을 발견했고, 산푸·기카쿠·란세쓰·보쿠세키·란란 등 수십 명의 뛰어난 젊은 시인들이 바쇼의 문하생으로 모임으로써 에도의 하이쿠 문단은 일대 전기를 맞이했다. 부유한 문하생들의 후원으로 문학적으로나 경제적으로나 안정된 생활도 보장되었다.

마쓰오 바쇼는 37세에 '옹'이라는 경칭을 들을 정도로 하이쿠 지도자로서 성공적인 삶을 누렸으나 이내 모든 지위와 명예를 내려놓고 작은 오두막에서 은둔생활을 하고 방랑생활을 하다 길 위에서 생을 마감했다.

사이교

西行. 1118~1190. 헤이안 시대의 승려 시인이며 와카(和歌) 작가다. 본명은 사토 노리키요(佐藤義清)다. 사이교의 가문은 무사 집안으로 그 역시 천황이 거처하는 곳(황거)의 북면을 호위하는 무사였다. 와카와 고시쓰(故実)에도 능통하였던 사이교는 스토쿠 천황의 와카 상대를 맡기도 했으나, 1140년 23세로 출가해 엔기(円位)라 이름했다가 뒤에 사이교(西行)로도 칭했다.

사이교는 돌연 출가하여 무사의 신분을 버리고 승려가 되어 불법 수행과 더불어 일본의 전통 시가인 와카 수련에 힘썼다. 1149년 무렵에는 일본 불교의 중심지 중 하나인 코야산(高野山, 현재 와카야마현 코야초)에 들어가 본격적으로 수행했다. 이외에도 각지를 돌아다니며 많은 와카를 남겼는데, 『신고금와카집(新古今和歌集)』에는 그의 작품 94편이 실려 있다. "꽃 아래에서 봄에 죽기를 원하노라. 2월의 보름달이 떠오를 때(願はくは花の下にて春死なん そのきさらぎの望月のころ)"라는 유명한 와카를 남기기도 했다. 후지와라노 사다이에(藤原定家) 같은 유명한 시인이나 마쓰오 바쇼 같은 하이쿠 시인도 그의 작품에 감명을 받았다고 한다. 1190년, 73세의 나이로 입적(入寂)했다.

이케니시 곤스이

池西言水. 1650~1722. 에도 시대 시대 중기의 하이쿠 시인이다. 이케니시 곤스이는 마쓰오 바쇼와 교유하며 교토에서 활동했다. 그는 당시 하이쿠의 전통을 넘어서는 새로운 시적 표현을 추구하며, 급진적인 하이쿠 시인으로서의 입지를 확립했다.

곤스이의 대표적인 작품 중 하나인「초겨울 찬바람 끝은 있었다, 바다소리(木枯の果てはありけり海の音)」는 당시 하이쿠 시인들 사이에서 큰 반향을 일으켰으며, 이로 인해 그는 '겨울바람의 곤스이(木枯しの言水)'라는 별칭을 얻었다. 이 작품은 그의 시적 스타일과 겨울의 차가운 정서를 잘 나타내는 작품이다. 곤스이의 시는 자연과 인간의 감정을 섬세하게 표현하며, 당시 하이쿠의 발전에 중요한 영향을 미쳤다. 그의 작품은 오늘날에도 하이쿠 문학의 중요한 부분으로 평가된다.

Still Life Vase with Roses 1890

Still Life Vase with Rose-Mallows 1890

Noon, Rest from Work (After Millet) 1890

Rowing Boats on the Banks of the Oise at Auvers 1890

열두 개의 달 시화집 플러스 十月
달은 내려와 꿈꾸고 있네

초판 1쇄 인쇄 2025년 9월 20일
초판 1쇄 발행 2025년 10월 1일

시인 윤동주 외 16명
화가 빈센트 반 고흐
발행인 정수동
편집주간 이남경
편집 김유진
표지 디자인 Yozoh Studio Mongsangso

발행처 저녁달
출판등록 2017년 1월 17일 제406-2017-000009호
주소 경기도 파주시 문발로 142 니은빌딩 304호
전화 02-599-0625
팩스 02-6442-4625
이메일 book@mongsangso.com
인스타그램 @eveningmoon_book
ISBN 979-11-89217-82-2 04800
세트 ISBN 979-11-89217-46-4 04800

*저작권법에 의해 보호를 받는 저작물이므로 무단전재와 무단복제를 금합니다.
*잘못 만들어진 책은 구입하신 서점에서 교환해드립니다.